Sr. Elisabeth Mesche

Gottfried Bachl

feuer
wasser
luft
erde

gottfried bachl

feuer
wasser
luft
erde

neue psalmen

Tyrolia-Verlag · Innsbruck-Wien

1

das trägt und wir nennen es erde,
auf der wir gehen

und stehen vertrauend
ohne zu zweifeln.

essen und trinken ist erde,
der gastliche stern, der tisch,

an dem satt werden
schakale und menschen.

erde heißt der ort
für samen und wurzeln,

die immer schwangere mutter,
erde, in der wir graben und holen

das brauchbare gut herauf
in die menschliche werkstatt.

gott.
so sind wir beschenkt,
reichlich, aus deinen händen,

alle tage geschieht es.
wir greifen und spüren

erde, in die wir gehören im leben, im tod,
erde, das rüstige fahrzeug ins weite.

2

kommt.
erzählen wir die taten des feuers.

von der stunde, als es gelang,
ihm einen herd zu bauen.

wie es brennt, wie es wärmt, wie es leuchtet.
wie es verwüstet auch.

in häuserfressender wut
zur asche verkleinert den wald.

wie in das herz der sterne
der schöpfer das feuer gelegt,

gott, der in flammen atmet,
in der strahlenden spaltung,

die alles zerschmilzt.
von der sonne ist zu berichten,

nach der die gräser sich wenden
steine brechend im hunger nach licht.

die schmiede biegen das eisen,
die bäcker heizen den ofen.

im feuer geschieht es.
wir wissen es heute und morgen.

3

wasser am himmel und auf der erde,
die fahrenden wolken, die bäche im land,

wasser der tränen,
wasser im mund.

das gesundheitswasser
und die wassersucht in den zellen,

wasser in die wüste
und wasser im eismeer,

der regen über den wiesen
und die sturmfluten an der küste,

wasser auf dem mars,
im haushalt der sterne.

wasser in den bäumen,
wasser, das zum abwasser werden kann,

wasser im laboratorium
und in der küche.

du schüttest es hin über uns,
wenn du uns segnest, gott des lebens,

mit dem heiligsten namen,
den du gefunden hast,
jesus.

4

siehst du so aus, nichtaussehender,
wie der wind vom see her am abend?

atmest du in den blättern der erle,
die in meinen augen tanzen?

hältst du die rede zu den gräsern
und ich sehe dich reden?

zeigst du dich mir in der brise
und ich höre dich gehen?

überall, wo die luft am werk ist,
spüre ich den windgeist.

meine nasenflügel zittern,
ich atme dein leben.

im sturzflug die krähen
kennen den wind,

die leibliche kunst des vertrauens
ist ihnen geschenkt.

keine angst über so viel höhe,
keine angst vor den böen,

sie wiegen sich im atem
im sausenden windrad.

heiliger gott.
woraus du bestehst, wüssten wir gern.

von der erde muss etwas sein
in dir, etwas braunes,

von der lehmigen krume,
aus der das weizenfeld aufgeht.

vom geschmack der kieselsteine
im bachbett,

und die lava kann dir nicht fremd sein,
das erz in den schächten,

vom grünen wird grün deine seele,
wenn wir die wiesen erleben.

im frühen sommer
das schwellende grasland.

wie könnte dir abgehen
das biegsame holz der lärchen und weiden

oder das helle glas der kristalle,
das gold, das blei, der schwefel, das salz.

von allem bist du ein etwas,
und nichts ist dein fester bestandteil.
heiliger du.

6

nichts kommt dir näher als gott,
sagt das licht am morgen.

nirgendwo kannst du grenzenloser
vernünftig sein.

er leuchtet dir ein.
nichts liegt so klar zutage.

er blendet dich nicht,
wenn du weiblich redest und gott sagst.

du wirst nicht gescholten,
wenn deine worte sich überschlagen.

leise betritt er dein herz
und du fühlst: er ist es

und sie und es. gewinnend,
aus unbezweifelten gründen

ohne zögern deinen verstand
einnehmend mit klarheit.

gott, sagt das licht am morgen,
hat alle motive, zu sein.

er ist wie der tag,
der sich anschickt.

7

ich lege mich in den regen,
ich will, dass die wasser des himmels auf mich fallen.

ich lege meine knochen in den regen.
ich lege meine zunge in den regen.

ich lege meine augen in den regen.
ich lege meine füße in den regen.

ich lege meine hände in den regen.
ich lege mein geschlecht in den regen.

ich lege meine ohren in den regen.
ich lege meine hand in den regen.

ich lege mein blut in den regen.
ich lege meine wünsche in den regen.

ich lege meinen verstand in den regen.
ich lege mein herz in den regen.

ich lege mein gewissen in den regen.
ich lege mein leben in den regen.

ich lege meine gebete in den regen.
ich lege meine gottesgefühle in den regen.

ich lege mich in den regen.
ich will, dass die wasser des himmels
über mich kommen.

wen umarmt heute die weide?
wem wirft sie sich hin?

sie steht einem atem entgegen,
sie rennt nicht davon.

die weide biegt sich nach norden und süden
und wiegt und spreizt ihre äste,

von der wurzel bis in den obersten zweig
lässt sie sich drehen und treiben

und fügt sich tanzend den heftigen griffen,
denn sie ist einverstanden,

sie verehrt mit wiegenden hüften
den fremden, der wühlt ihren leib,

sie brüstet sich vor unseren augen
mit seiner liebschaft,

sie sucht seinen namen zu stammeln.
stolz winkt sie den engeln,

die weide feiert umarmung
auf biegen und brechen.

sie tut es.
sie tut es am freitag,
am samstag, am sonntag.

9

es blutet die welt
und die grasmücke singt

in der haselstaude verzückt
mit der kraft ihres winzigen leibes.

das stimmt nicht zusammen,
sagen wir zornig weinend.

der vogel kommt uns dumm vor,
und der schöpfer verbirgt seine weisheit.

du lässt es geschehen zugleich,
das lied und die tränen.

wie komponierst du all das?
wie ziehst du die linien?

im lautlosen flug der atome?
wir würgen uns krank an den fragen,

aber dem vogel erlaubst du die töne.
er nützt seine flügel,

er freut sich am wind
und lässt sich tragen dahin.

holt atem aus süden und norden.
und pfeift.

10

gestern war sommer, die sonne
stand in unseren gesichtern,

dein licht in den augen des leibes,
wir sahen uns lachend.

wir grüßen dich singend im frühling,
das fällt uns leicht.

im steigenden leben entstehen die lieder.
wir rufen die zukunft und nennen dich morgen.

wirfst du den schnee auf das land,
hörst du uns schreien nach deiner nähe.

in der kälte zerfällt uns der mut,
wir wissen nicht aus und ein,

im nebel verdämmern die häuser.
nun bist du der winter.

in den bäumen färbt sich der apfel,
wir ernten mehr, als wir brauchen,

das saure, das süße
in kellern und scheunen.

wir genießen die erde,
die früchte, den most
und den noblen wein.

11

lass mich nicht dürr werden
unter deiner sonne,

komm in die augen, in die ohren,
auf die haut,

fahr mir in den gaumen, in die nase.
setz dich auf meine zunge

und vergiss nicht das geschlecht
im begehrenden leib.

gesehener gott.
gehörter gott.

getasteter gott.
gerochener gott.

geschmeckter gott.
gott meines leibes in dieser zeit.

vor dir die knochen, das fleisch,
die sehnen, das blut in den adern,

dass du darüber hingehst auf
deinen warmen füßen.

heute noch,
im nebel des winters.

12

wie der bauch der mutter,
wie das fell der schnurrenden katze

tust du uns wohl mit der sonne.
sie heizt das kosmische haus.

die wärme der augen,
die du auf uns richtest

wie die hand eines freundes
am gefährlichen berg,

wie der julisonntag,
im nest der schwalbe,

wie in den schneestiefeln
die zehen sich erholen,

wie das licht im gesicht der kinder,
wenn die schule aus ist,

wie auf der haut rinnt
das milde wasser des bades,

wie der wachsende mond
am abend den garten beleuchtet,

so bist du mit uns, in den adern,
du weisheit, du mutter, du gott.

13

meine seele ist gefroren.
starr in den leib geklemmt.

sie kann nicht knien, sie kann nicht gehen,
die gedanken sind steife hölzer in mir.

ich brauche die hand, die mich ölt,
die herabgreift von ganz weit weg,

die ich nicht kenne, die sonnenhand,
die ich vermute im winter,

wenn der nordwind
mein gesicht zerschneidet,

das in stücke zerfällt,
wenn das augenwasser gefriert.

in meinen ohren krachen die worte,
die mich gleichgültig machen.

alle farben sind geflüchtet,
die wiese liegt weiß und ungesehen vor mir.

du traust mir zu, dass ich atme im dürren frost,
du wirfst mich dahin in die kälte.

du bist es, niemand sonst, du.
ich suche keinen gott außer dir.
elohim.

14

ewiger geist
über den wassern der schöpfung!

leben, kraft, sanftheit
und wildes entzücken.

du wirfst uns her in die welt
und fängst uns in den elementen.

wir waten im wasser,
die angst verlässt unseren leib.

wir erleben das feuer,
die wahrheit tötet uns nicht.

wir spüren den wind im gesicht,
das schicksal verweht uns nicht.

die erde zerbricht unter den füßen,
du lässt uns nicht fallen.

wir verlieren uns in schächten und gruben,
da findest du tiefer hinab

und bist in den wortlosen winkeln das wort,
das wort in den steinen, im sturm,

in den flammen,
im tobenden wasser.

15

warum ich gern auf der welt bin,
hat mich der engel gefragt.

weil mir das licht
menschengesichter zeigt.

weil es die vögel gibt,
meine charmanten hausgenossen.

weil ich auf spannende weise
mit dem unsichtbaren bekannt werde.

weil ich gern
in frisch gepflügte erde greife.

weil die sonate der grillen
auf dem anger zu hören ist.

ich bin gern auf der welt,
weil ich das feuer bewundere.

ich möchte das gras
nicht versäumt haben.

ich staune
über jeden atemzug, der mir gelingt.

ich bin, mein gott,
sehr zum bleiben aufgelegt.

16

wie dankbar bin ich dir heute früh,
zu mittag und abends,

dass mich die finsternis nicht frisst.
es ist rot und gelb gewesen um mich.

die sonnenblumen tragen
mein gesicht aus der nacht,

die rosen wissen alles
vor meinem fenster.

die ersten stunden des tages
riechen nach hoffnung,

die grenzen des lebens
liegen weit hinter den hügeln.

du bist der grüne geruch des anfangs,
deine haut ist blau,

du gibst einfache gaben,
weil du mich kennst, inwendig und auswendig.

ehe mein geist verweht,
bist du da in den augen.

es ist morgen.
ich habe farben getrunken,
meine sonne, mein licht, adonai.

17

erde sind wir, wind und sterne,
wir gehören in die mischung.

wir stehlen uns nicht davon
in das ganz und gar besondere,

als hätten wir nichts gemein
mit den metallen, mit den flüssigkeiten,

mit köstlichen, bitteren stoffen der welt.
wir gehören dazu.

die seehunde sind uns nicht fremd,
die fliegen erleben wir täglich.

wir sind in bewegung, weil uns
die erde ernährt mit reis und kartoffeln.

wir stammen weither aus solarem labor,
gemixt in heißen metamorphosen.

wir sind ganz oben gemacht,
dem könner der welt verdanken wir uns,

dem erfinder, dem lenker der teilchen,
dem die sonne einfiel,

das wunder des lichts
und aller zauber der sterne.

18

bäume!
wir sagen mit freude: bäume!

seltsam kommt ihr herauf aus der erde,
ihr hebt das kronengeäst in den himmel.

esche und ahorn,
birken in weißem gewand,

die zapfenwerfenden fichten,
gewaltig die douglastannen,

gewächse der kraft, der anmut,
an die örtliche wurzel gebunden.

im schatten der bäume
sind wir gern auf der welt.

bäume, den vögeln vertraut,
den menschen ein rauschendes haus –

wachst ihr auch droben
im garten des reiches?

seid ihr propheten?
bäume! ihr seid es.

wir sehen euch sprechen.
wir hören die blätter.

19

ich sage durch alles hindurch:
du.

durch die atome
und ihre ursächlichkeiten,

durch die milchstraßen
und sternhaufen.

ich sage du
durch die unzählbaren zeiten,

ich sage du
durch urknall und endknall,

durch sonne und mond,
durch längen und breiten,

durch alle errechneten massen
an welten und kosmischen wällen.

durch alles hindurch:
du.

durch alle vermutungen,
die dich leugnen,

durch meine gefühle,
die dich bezweifeln.
du.

20

du im brennenden busch,
der nicht zur asche zerfällt.

er freut sich,
er blüht in der flamme.

es ist nicht wahr, sagst du,
dass zergehen muss, was dir nahekommt.

es ist nicht wahr, dass du nicht duldest
die kraft und die blüte.

du bist groß
und musst es nicht werden über meiner demut.

du hast keine wächter gestellt
an die türen des lebens.

was uns glückt in findigen händen,
gefällt dir, mehr als die engel es wissen,

du liebst es,
umwege zu gehen und abwege,

hundert- und tausendmal,
krumm und gerade.

du glühst in deinen geschöpfen,
gewährende, gönnende kraft ohne maßen.

21

gib mir ein wort, ewiges wort,
ich bin armselig in meinen vokabeln.

gestern schon, als ich es nennen wollte,
zerbrach mir die rede im mund.

scherben fielen heraus,
durch meinen leib lief ein stottern.

gib mir ein wort für die arbeit der sonne.
hilf mir den flug der sterne beschreiben.

den auftritt der dinge
möchte ich schildern,

wie sie erscheinen im licht,
um etwas und jemand zu sein.

was wäre sonst die libelle,
was wäre die bräunliche nuss.

im licht bin ich da, sagt das gras,
im licht bin ich nicht zu verleugnen.

hell wird die welt, scheinend, leuchtend,
blitzend, klar, glänzend, strahlend.

offenkundig über den nebeln der welt,
in denen wir manches mal hausen.

22

gott. mein licht und mein tag –
hingeworfen liege ich in augenloser wüste,

weiß nicht aus und nicht ein
mit der vergilbten netzhaut.

es zeigt sich mir nichts.
die bilder sind alle erloschen.

die schwärze hat kein gesicht
die nacht sieht nichts.

der stein lastet über dem tag,
das begrabene licht ist dahin.

mir ist nicht schwarz vor den augen,
es nichtet rundum.

wir dichten nichts in der schwärze,
die leere ist leer, da ist nichts zu lesen.

mit der nacht ist kein anfang zu machen,
aus ihr kann nichts fortgesetzt werden.

die nacht hat keine kinder.
finsternis, schwärze, farblosigkeit.

das licht bricht hervor aus den plötzlichen augen.
die göttliche helle.

23

schaust du her mit freiem auge,
hast du den zwecklosen blick

für das winzige leben
zwischen heute und morgen?

so ohne absicht und plan,
wie sich der wind im ahorn wiegt?

deine augen gehen uns überall nach.
wie können wir leben unter dem mikroskop,

das den brustkorb ausleuchtet in jedes eck,
vor dem sich niemand verkriechen kann?

bist du das harte licht in den linsen,
das leib und seele zerschneidet?

sind wir deine objekte zum nutzen
der göttlichen seele, die uns braucht

für ihre entwicklung, die uns verwendet?
schaust du uns an, wie man gegenstände

ins auge fasst, im kalten vis-à-vis, ohne
gefallen am nutzlosen dasein?

wir fürchten den gott
der kalten betrachtung.
wir beten dagegen.

24

ist der zorn unterwegs? ist es der wut-gott?
wer hat anlass zur rage?

die vollgeeiferte andacht
reißt am wiesenschaumkraut.

stürmender, rüttelnder aufruhr, täglich
zittern die wurzeln.

lass uns stehen, in deiner erde,
reiß uns nicht weg aus der festen mutter,

du hast ihr gegeben,
dass wir in ihr zu essen finden, zu trinken,

dass wir halt haben und stand
und freude an ihrer verlässlichkeit.

an der zermalmenden wut in den teilchen
häuft sich die weigerung.

aus vielen zerworfenen häusern
wurden wir verjagt.

das macht die gedanken
an dich nicht schneller.

schwerfällig heben sie sich
aus dem schutt unserer träume.

25

was wir alles können,
wenn wir glauben mit jesus.

festen fußes
auf dem wasser gehen.

atem holen
im luftleeren raum.

das feuer durchqueren,
ohne zu verglühen.

in der meerestiefe wohnen,
ohne zu ertrinken.

in der erde enden,
ohne zu verfaulen.

in die sonne schauen,
ohne zu erblinden.

den wirbeln ausgeliefert sein
und nicht zerrissen werden.

lauthals weinen mögen,
aber lieber lachen.

halbverrückt sein
und doch ganz bei trost.

26

wir spüren die blumenfreude,
in den augen wächst

das einverständnis mit den dingen,
die ihre freundlichkeit zeigen.

wir lachen mit dem frühling
und die würgenden gefühle zerspringen.

wahrhaftig,
es ist genug licht in der welt,

dass das gesicht nicht vergessen wird.
es bleibt und ist leserlich.

gott hat sich hinausgeworfen
in den wirbel der kreaturen,

er hat sich ihren farben und tönen
anvertraut, dass wir von ihm hören und sehen.

das schrittweise tempo,
die aufmerksamkeit,

das verweilen,
das atmen –

lauter gnaden,
die längst abgeholt werden können.
heute noch.

27

ist es denn wahr, mein gott, dass
dein licht im himmel alles andere zudeckt,

dass du alles auf dich ziehst
im grellen glanz deiner schönheit?

du wärest ein gott, der die gesichter löscht,
statt sie sichtbar zu machen,

du könntest nichts dulden in deiner nähe,
da wäre kein platz für ein anderes licht?

bist du nicht die sichtbar machende liebe,
der kein stäubchen zu viel ist im staub der welt?

willst du so die hauptsache sein,
dass du neben dir alles zerkleinerst auf null?

musst du dir zu wichtig sein,
um einen grashalm zu sehen?

bist du nicht groß,
wenn du kleines erblickst?

lass leuchten in deinem licht
die kleinen kerzen, die wir brennen.

du musst nichts überstrahlen.
du strahlst in den dingen.

28

ich sollte das herz in die brandung werfen,
aber ich bettle um geborgenheit.

ich liege auf dem sofa
und rede vom wellengang der zeiten,

ich halte meine zehe in das wasser
und berichte von sturmerlebnissen,

meine abenteuergeschichten
entstehen in der badewanne.

mein jesus gleitet in der schwimmweste
über den see genezareth,

mein heiliger geist kommt
in der wildbachverbauung daher,

mein gottvater beschließt
die abschaffung der orkane.

ich kenne das wasser
nur aus der wasserleitung,

ich verlasse mich nicht
auf die wasser der schöpfung.

ich sollte das herz in die brandung werfen,
aber ich bettle um geborgenheit.

29

in schweren bärten, in alten kellern
abgestandenes pneuma.

stehender wind
in den kirchenschiffen.

es reicht noch fürs husten
und kerzenausblasen.

wir sitzen in löchrigen gotteshäusern.
plötzlich pfeift es uns um die ohren.

zweifel erfrischen die älteste wahrheit,
buchstaben tanzen aus den grabinschriften.

war es nicht eben, als verwirbelten
sich gestern und morgen,

als risse der wind die zeit mit sich fort,
die uns verhext mit uhr und kalender.

wir feiern pfingsten
mit getrockneten rosen.

es genügen uns stehende lieder
und ausdauerndes sitzen,

gemächliche andacht
auf ein schlafendes furioso.

30

seht ihr die dankbarkeit der studentenblume,
wenn die gießkanne das wasser bringt,

weil sie nicht warten muss auf den zufälligen regen.
sie kann sich verlassen auf die vernunft des gärtners.

er steht früh auf und sieht nach den wolken,
er untersucht die absichten des himmels,

denn er weiß, dass oben mit ihm gerechnet wird,
mit seinem verstand und seiner neigung zu den
gewächsen.

es ist gewollt, dass er denkt und kalkuliert,
dass er kanäle gräbt und den eimer schultert.

die schaltstelle hirn gehört in das konzept,
sie wurde nicht später dazugeschwindelt.

die elemente gehorchen dem einmaleins,
sagt der gärtner in seinen gebeten –

der mensch ist ein wasserträger,
ein durstlöscher, der gebraucht wird,

denn am anfang schuf der ewige das tun
und er schuf das mittun.

so läuft der segen des wassers
durch meine hände.

31

nicht unter hämmern entsteht das glück,
aber die brauchbaren nägel.

die pflugschar wird gehärtet
für die arbeit im acker.

die neidenden götzen am feldrain
schimpfen, dass unser gott

zu freigiebig ist mit den künsten,
er lässt die menschen sich selber behelfen,

er freut sich am können, an der begabung,
er sitzt im labor bei den forschern.

ihm wird kein messer zu scharf,
ihm macht keine erfindung zu schaffen.

er lacht über ängste im himmel,
auf erden nehme die hybris zu.

so wächst und wächst es die längste zeit.
er scheint eine neugier zu fühlen.

der gott, den die götzen beklagen,
riskiert seine ehre, weil so vieles schiefgeht.

der den menschen will und ruft und begabt –
ihn ehren die türme.

32

dass aus den körnern das brot wird,
ist eine gnade des feuers.

die laibe in den ofen geschoben,
der zelten, die schmeckende kruste.

dass die suppe auf dem herd
zur nahrung wird aus früchten und samen.

dass zum sonntag der tisch gedeckt ist
und die leibliche freude uns verbindet.

dass die hostie des alltags
reichlich den brotkorb füllt –

wir wissen es täglich und vergessen
schon beim frühstück die sattheit.

wie haben wir es gelernt,
den weizen mit dem feuer zu verbinden,

die maiskolben grillen
für den sommerlichen geburtstag,

aber wir wissen nicht genug
vom essen und vom trinken,

von der gerechtigkeit des brotes,
von der teilung des laibes.

33

behaltet alles, sagt der schöpfer,
was ich gegeben habe,

ich will nichts zurückkriegen.
mein geben war keine berechnung,

ich habe es hingeschüttet,
das milchstraßenlicht,

die sterne, die blumen, und tief in euch
den atem der seele, das bewegende pneuma.

freut euch daran, langweilt mich nicht
mit dem rückerstattungsgerede.

ich habe alles und habe euer haben,
ich fordere nichts zurück,

meine kindlichen kinder,
die alles vor meine tür bringen

und mir zeigen und geben,
ihr meint es gut.

aber ich wende euer gesicht.
ihr sollt euch nicht biegen.

mit ganzer kraft mögt ihr geradeaus gehen,
fort und fort,
auf verschlungenen wegen.

Abendgebet

34

das abendlicht
sinkt in den horizont.

wir sammeln die seele
aus der verstreuung,

heim in den hafen
der ruhe,

sie treibt sich tagsüber
herum auf den märkten der welt.

die seele verteilt sich
in das getriebe der dinge,

sie verliebt sich in
die gewaltigen sterne,

die vielen und abervielen
lichter werden ihr nicht zu viel.

sie betet in der zerstreuung
berauscht von den einzelheiten,

alles ehrt sie
mit ihrer bewunderung,

so ermüdet sie selig
an deinem reichtum,
gebender gott.

Atem, Wind

36

eingehen, ausgehen im takt des leibes,
tausch des atems in mir,

der brustkorb füllt sich
beschenkt, die luft gibt sich gratis,

geldlos wie deine gnade,
brausender, unermüdlicher himmel.

der duft der gräser wandert in mir,
die hungrige nase weiß von salbei und linde,

die sage der winde wandert von pore zu pore,
alles wird allen bekannt.

wie kommst du in meinen leib?
du kommst in der luft, im blasen,

die haare fliegen, ich höre das sausen,
das schiebt und hebt und treibt mich,

geht der wind, ist das leben lebendig,
bleibt er aus, ist das leben tot.

wenn du ablässt von mir,
fallen die leibgefäße zusammen.

im wind bist du das leben,
wehender gott. elohim.

36

im leib, der mir bereitet ist,
verehre ich elohim.

ich gehe und werde müde
an den beinen.

die arme ausstreckend
rufe ich dich,

schlage die hand an die
schuldige brust.

ich werfe mich auf die knie,
um deine höhe zu ermessen.

ich lege mein gesicht an die erde,
die der schemel deiner füße genannt wird.

meine augen hebe ich zum firmament
in der nacht und am tag.

meine hände sind gefaltet
zur sammlung meiner gefühle.

über meine haut
läuft der schauder deiner gegenwart.

wer tanzt mit mir
das leibgebet?

37

im sternwurf fahren wir dahin,
nichts merkend von der geschwindigkeit.

viel gewesenes leuchtet uns an
und selten besucht uns das heutige licht.

alle sterne fahren, keiner steht,
auch die fixen sind nicht fix genug,

dass wir zu einem sagen könnten:
jetzt, nun, heute.

die spiralnebel drehen sich
im schwung ihrer masse.

wenn das licht uns erreicht,
ist es vielleicht schon erloschen,

dort wo es aufging,
um sich auf die reise zu machen.

weisheit der gewaltigen augen.
allwissender geist. spürende kraft,

neid ist in uns und zehrendes verlangen,
wir stünden gern im zenit.

wir hätten gern in der seele
das gestirn umfassende gefühl.
elohim, dein pneuma.

38

wer knallt den hagel in die fenster,
wer tanzt in der windhose durch den garten?

wer wirft mit den ziegeln um sich
und zertrümmert die hütte?

als hätte jemand den krieg erklärt
gegen alles, was dasteht,

als wäre da irgendwo dort
ein gefühl, das sich austobt

in scherben und fetzen,
ein schadenfreudiges jagen,

ein schlagen und reißen und heulen
über den niedergeworfenen ulmen.

aus welcher lunge kommen die stöße,
wie heißt das herz, das dazupasst?

wer erklärt uns das sprachspiel der gnade
im getöse der schöpfungsgewalten?

vollgeflüstert sausen die ohren von
liebe, geduld und demut

und allerlei weicher empfehlung.
auf einmal streiken die knie.

39

wenn du die faust machst um mich,
bin ich ein klümpchen lehm.

allmächtiger, was wiegt das
in deiner hand?

winzig und schwer
liege ich auf der erde.

deine hand ist die wiege meines lebens,
darin hebst du mich und bewahrst mich.

du erleichterst mich
inmitten der schweren kräfte der erde.

ich bin so dumpf in mich verklebt,
ich weiß nichts von mir.

greife mich, modelliere mich, lockere mich
in der mulde deiner hand.

ich weiß, du wirst dein werk
ein anderes mal tun,

und ich werde meine füße
nicht im lehm begraben.

ich werde den festen boden lieben
und lieder singen von seiner wärme.

40

ich suche, mutter natur,
das erbarmen

und finde die schönheit,
das harte gefüge der passenden maße.

ich sehe dich schlingen und speien.
blühen und faulen.

du heißt nicht wärme,
du heißt nicht schonung,

du bremst keinen tumor,
die gnade ist nicht dein name.

hat elohim kein gehör installiert
in deinen gärten?

bist du gehörlos gebaut
und ohne augen, du freundlich blickende

nicht genügende
alles verwendende schönheit?

über dich hinweg
werfe ich mein gebet,

über dein strahlendes firmament
hinaus meine frage.

41

rauschendes meer.
deine große musik in den wellen.

der wal isst sich satt,
er füllt seinen bauch

und kümmert sich nicht
um den urknall.

du segnest ihm heute und morgen
den täglichen krill.

du rollst ihn im rad der verdauung
unermüdlich, unaufhörlich.

alle wesen gehen
durch alle wesen.

alle werden wir
ineinander gewesen sein.

inwendig erkunden wir uns
inständig, gegenseitig

auf inniger wanderschaft
in den eingeweiden.

wer werden wir sein
nach so viel verwandlung?

42

greift in den kühlen acker
und spürt die freigiebigkeit.

ich bin nicht sesshaft, sagt gott, dass
ich mir grundstücke reservieren lasse.

die geizhälse würgen an ihren besitztümern,
sie fressen mehr, als die gedärme vertragen.

sie singen mit fetter stimme
von heiligen ländern, um die sie kriege führen.

zählt mich nicht zu den habgierigen,
vergesst die befehle, die ich euch gegeben haben soll.

es wäre nicht schwer, platz zu haben
auf meiner erde.

ihr braucht nicht einmal großzügig zu sein,
nicht einmal opfermut wird euch abverlangt,

nur ein wenig rechnen sollt ihr,
ein wenig auf euren vorteil bedacht sein,
und rechnen.

hört auf, eure habsucht heiligzusprechen.
schaltet die tiefsinnigen seufzer weg.

ich habe diese musik nicht bestellt.
ich weiß nichts von ländervergabe
an irgendwen.

43

die birnen sind am liebsten
gelb in den gärten.

wie der dotter in den eiern
und das stroh in den scheunen.

wir trinken mit den augen die farben,
du wirfst die bunte gnade in unsere seele.

wir schlucken die wirbelnde schönheit.
das leuchtende freut uns,

das blaue, die kuppel
gespannt über unserem leben,

der schirm gegen die
lauernde zufallsgemeinheit,

du schwingst die fahnen
des himmels über uns,

die einladung, den dingen zu trauen,
den regenbogen.

denn oft genug haben wir angst.
oft genug ducken wir uns

vor dem berstenden himmel.
und beten, dass du ihn trägst.

44

schmeckender gott
im mund der geschöpfe,

komm in der feigensüße,
in der zwiebel,

im heftigen gewürz,
in kernöl und safran,

in der fleischigen zwetschke
wie im siegreichen pfeffer.

auch die bitteren wurzeln
wissen etwas von dir.

dich im mund haben wie eine
schüssel kirschen!

wie das saftige brot der bauern.
wie milch und wein.

aufgetischt wird uns auch
die erfrischende brennnesselsuppe

und es wächst auf deinen wiesen
manch giftiges kraut.

es fehlt nicht an tödlichen pilzen.
gemischt blüht dein garten
in eden.

45

zuallererst die flut,
das strömen vor deinem pneuma.

die bäche in den wiesen
erzählen vom urmeer,

von euphrat und tigris, vom amazonas.
im wald verborgen die quellen,

die brunnentiefe hütet das wasser.
dass alle zu trinken haben,

das gnu wie der salamander.
die gastfreundlichkeit heißt wasser,

segen des bades im kühlen, waschen,
heilen, heiter stimmen und stärken.

dein erster wink, dass etwas sein soll,
ist dem wasser getan,

weither holend die wohltat,
das rauschen der wellen.

es fließt, es regnet, es hagelt, die sturmflut
fällt über das land.

weisheit,
du hast uns getauft
in der brandung des anfangs.

46

augenblicke hast du gezündet,
blitze des könnens.

plötzlich sahen wir, wie es geht,
mit einem mal war es ein leichtes,

als es gelang, den funken zu schlagen
im brennholz.

als die motoren ansprangen
im düsengetriebe.

als die ärzte verstanden
das messer im leib zu führen.

über den weitesten abstand hinweg
miteinander zu reden wir alle.

als ein verstehender meißelte
in den stein das winzige alpha.

und wir die gnade erlernten,
eine geige zu bauen.

und durchschauten mit freuden
die nützenden nutzlosigkeiten.

weckende weisheit –
da wuchs deine kraft in den händen.

47

in deine nähe
führt uns die spur des lebens.

hingeworfen in die flüchtigen tage,
hinaufgerufen in freude und kraft und dauer

sehen wir keinen griff, um uns daran zu halten
in der wehrlosigkeit des leibes.

der erdboden gibt nach unter den füßen,
und die festen elemente bleiben nicht fest.

auch die steine, aus denen die kirchen
gebaut sind, lösen sich auf.

musst du uns sagen, dass wir wenig zeit haben?
dass wir vergehen wie der schnee im föhnwind?

wir hungern nach dem anderen wort,
das du allein sagen kannst,

das wort der verlässlichkeit und des festen bodens,
das wort der neuen geburt,

das wort, das sich nicht verwehen lässt,
das für immer DU sagt zu den sterblichen menschen,

das wort, in dem alle namen
und alle gesichter bewahrt sind,
um zu leben.

48

was ich mir nicht verbieten lasse.

die rede vom anfang,
vom urplötzlichen einschlag.

die weigerung, dem zufall
viel zuzutrauen.

den vorzug, jemand lieber zu haben
als das etwas.

den gedanken, die ursachen
seien an einen willen geknüpft.

gott als den könner
des zufalls und der ordnung zu ehren.

den unwillen,
in die stummheit zu flüchten.

den vorsatz, dem urknall
keine opfer zu bringen.

meine toten
in gott lebendig zu wissen.

den kosmos
für ein kunstwerk zu halten.

49

in der düne
verirrt sich mein auge.

die rieselnde vielheit
ist schrecklich für mein gefühl.

so winzig, so häufig
ineinandergeweht.

wie wird es darin gelingen,
jemand zu sein,

ein wort, ein gesicht.
eine seele?

das auge müht sich ab,
eine einzelheit zu bemerken.

hättest du so mich hingeschüttet,
gehäuft und gemengt?

sagtest du nicht plötzlich
hinein ins geriesel – du?

fuhr nicht dein auge
auf dieses einzelne korn

und sah es,
und wird es nicht löschen?

auf den finken

du wohnst an meinem fenster. kleiner hans.
wenn der, der uns zusammen weiß,

für dich in seinem himmel was besonderes hat,
er soll ihn tun, den schnabel dir vergolden.

was reden wir beim frühstück übertisch
gescheites auch daher, mich freut es, dass:

du sagst dem heiligen nichts vor,
all das, was er schon längstens weiß.

du legst ihm keine liste auf
der gottespflichten, dicht bei dicht,

du würgst ihm keine weisheit vor,
verschwendest keine zeit für eulentiefsinn.

du singst ihm frisch das lied,
davon dein schwanzgefieder bebt,

und fliegst und steigst und fällst
vom ahorn hin zum kirschbaum.

kopfüber und dazwischen hast du zeit
für deinen triller.

ich wäre gern dein bruder,
kleiner hans.

Von Gottfried Bachl sind im Tyrolia-Verlag erschienen:

Mailuft und Eisgang. 100 Gebete, 2. Aufl. 1999
Der beneidete Engel. Theologische Skizzen, 2001

In der Taschenbuchreihe topos plus:

Gottesbeschreibung. Reden und Lesestücke (Band Nr. 438), 2002
Der schwierige Jesus (Band Nr. 578), 2005

Im EOS Verlag erschien:

Eucharistie. Macht und Lust des Verzehrens, 2008

Mitglied der Verlagsgruppe „engagement"

Bibliografische Information Der Deutschen Nationalbibliothek
Die Deutsche Nationalbibliothek verzeichnet diese Publikation in der Deutschen Nationalbibliografie; detaillierte bibliografische Daten sind im Internet über http://dnb.d-nb.de abrufbar.

2011

Umschlaggestaltung: stadthaus 38, Innsbruck
Layout und digitale Gestaltung: Tyrolia-Verlag, Innsbruck
Druck und Bindung: Finidr, Tschechien
ISBN 978-3-7022-3111-8
E-Mail: buchverlag@tyrolia.at
Internet: www.tyrolia-verlag.at